Torsten Müller (Hrsg.)

American Cookies, Muffins & more

toll in Form

Sweets
for my sweet ...

Cookies, Brownies und Muffins – eine

uramerikanische Tradition, die auch bei uns

immer beliebter wird. Wer hat noch nicht

von ihnen genascht, sei es in Nordamerika

selbst oder nur in der Spezialitätenecke im

Supermarkt. Sie sind ein fester Bestandteil

der amerikanischen Kultur und werden

nicht nur zum Kaffee, sondern auch am

Frühstückstisch sehr geschätzt.

Die Zutaten

Eigentlich versteht es sich von selbst immer nur die besten und frischesten Zutaten zu verwenden. Trotzdem: Achten Sie auf Qualität! Die Frische ist vor allem bei Eiern, Butter und Mehl wichtig, aber auch bei Backpulver, das nie zu alt sein darf, da es sonst seine Treibfähigkeit verliert. Die besten Ergebnisse erzielt man mit Weizenmehl der Type 405, das man stets kühl und trocken lagern sollte. Natron ist ein Treibmittel wie Backpulver. Auch hier sollte man auf Frische achten (Haltbarkeitsdatum!). Bourbon-Vanille-Zucker wurde mit echter Vanille hergestellt und ist in Bezug auf sein Aroma in jedem Fall dem künstlichen Vanillinzucker vorzuziehen.

Geräte und Backformen

Das wichtigste Gerät des Bäckers ist die Waage. Sie sollte hinreichend genau sein, denn sonst erlebt man zwangsläufig die eine oder andere Überraschung. Von großer Bedeutung sind auch Siebe, mit denen man Mehl und andere Zutaten gleichmäßig verteilen kann. Zu einer ausreichenden Ausrüstung gehören auch eine Teigrolle, Schneebesen, Teigschaber, ein Gitterrost und Backpapier.

Oft heizen Backöfen nicht exakt so, wie auf der Anzeige angegeben. Ein Backthermometer, das während des Backens mit im Ofen liegt, hilft die genaue Temperatur einzustellen. Backformen sollten nichthaftend sein, sonst passiert es leicht, dass das Backgut zerbricht. Bleche für Muffins gibt es in jedem Supermarkt. Hier ist es am besten Papierförmchen in die Vertiefung zu legen.

Tipps und Tricks für gutes Gelingen

1. Lesen Sie vor dem Backen das Rezept einmal ganz durch.

2. Wiegen Sie sämtliche Zutaten bereits zu Beginn ab – das erspart die Hektik hinterher.

3. Alle Zutaten sollten zimmerwarm sein.

4. Ein Schälchen Wasser im Ofen verhindert das Austrocknen des Backgutes.

5. Den Ofen nur zur Garprobe öffnen.

6. Ein Kuchen ist fertig, wenn
- er beginnt sich vom Formrand zu lösen;
- ein hineingestecktes Stäbchen herausgezogen werden kann, ohne dass Teigreste daran kleben bleiben.

Die Backtemperaturen

Die angegebenen Temperaturen gelten für einen Elektroherd mit Ober- und Unterhitze. Bei Verwendung von Umluft werden 20% der Temperatur abgezogen. Die Backzeit bleibt in etwa gleich.

Abkürzungen	
TL	= Teelöffel
EL	= Esslöffel
g	= Gramm
ml	= Milliliter
P.	= Päckchen
Msp.	= Messerspitze
F.i.Tr.	= Fett in der Trockenmasse
Ø	= Durchmesser

Schokoladenkekse

Chocolate Chip Cookies

SCHOKOLADENKEKSE

1. Das Mehl in eine Schüssel sieben. Natron und Salz dazugeben und alles gründlich mit einem Schneebesen vermischen. Die Schokolade zerkleinern.

2. Die Butter in einer Schüssel cremig rühren. Den Zucker einrieseln lassen und mit der Butter schaumig schlagen. Den Zuckerrübensirup und nacheinander die Eier dazugeben, sie jeweils einzeln gut unterrühren. Den Vanillezucker hinzufügen und alles gründlich miteinander verrühren.

3. Die Mehlmischung nach und nach dazugeben und das Ganze zu einem glatten Teig verrühren. Dann die Schokoladenstückchen zum Teig geben und mit einem großen Löffel unterheben. Den Ofen auf 190 °C vorheizen.

4. Ein Backblech mit Backpapier auslegen. Aus dem Teig etwa 4 cm große Bällchen formen und diese mit etwa 5 cm Abstand nebeneinander auf das Backblech legen. Die Kekse auf der mittleren Schiene in etwa 15 Minuten goldgelb backen.

TIPPS

Wenn Sie die Cookies etwas weniger knusprig bevorzugen, dann verwenden Sie einfach 90 g weniger Mehl. Sie können das Rezept äußerst schmackhaft variieren, indem Sie in den Teig 100 g gemahlene Nüsse rühren.

ZUTATEN

420 g Mehl

1 TL Natron

1 TL Salz

400 g Zartbitterschokolade

220 g weiche Butter

320 g Zucker

1 EL Zuckerrübensirup

2 Eier

1 P. Vanillezucker

• Ergibt ca. 50 Stück
• Zubereitungszeit: ca. 1¼ Stunden

Ingwerplätzchen

Ginger Snaps

INGWERPLÄTZCHEN

1. Das Mehl in eine Schüssel sieben. Natron, Ingwerpulver, Zimtpulver und Salz dazugeben und alles mit einem Schneebesen vermischen.

2. Die Butter in einer Schüssel geschmeidig rühren und mit 210 g Zucker schaumig schlagen. Den Sirup dazugeben, das Ei und zuletzt das Citroback unterrühren.

3. Die Mehlmischung nach und nach dazugeben und das Ganze zu einem glatten Teig verrühren. Den Ofen auf 180 °C vorheizen.

4. Ein Backblech mit Backpapier auslegen. Aus dem Teig etwa 3 cm große Bällchen formen, diese in den restlichen 50 g Zucker wenden und mit etwa 5 cm Abstand nebeneinander auf das Backblech legen. Die Kekse auf der mittleren Schiene in etwa 15 Minuten goldbraun backen.

• Ergibt ca. 50 Stück
• Zubereitungszeit: ca. 40 Minuten

ZUTATEN

350 g Mehl

2 TL Natron

1–2 EL Ingwerpulver

2 TL Zimtpulver

$^1/_2$ TL Salz

170 g weiche Butter

260 g Zucker

75 ml Zuckerrübensirup

1 Ei

1 P. Citroback

Browniekekse

Brownie Cookies

BROWNIEKEKSE

1. Die Schokolade in ein geeignetes Gefäß bröckeln und in der Mikrowelle oder auf dem Herd schmelzen lassen. Dabei darauf achten, dass sie weder zu kochen beginnt noch anbrennt. Die geschmolzene Schokolade beiseite stellen und etwas abkühlen lassen.

2. Das Mehl in eine Schüssel sieben. Backpulver und Salz dazugeben und alles gründlich miteinander vermischen.

3. Die Margarine in eine große Schüssel geben und cremig rühren. Unter ständigem Rühren den Zucker einrieseln lassen. Nacheinander die Eier dazugeben, sie dabei jeweils einzeln gut unterrühren. Zuletzt den Vanillezucker hinzufügen und die geschmolzene Schokolade langsam unterrühren.

4. Die Mehlmischung nach und nach zur Schokoladen-Margarine-Mischung geben und das Ganze so lange verrühren, bis das Mehl ganz untergearbeitet und ein glatter Teig entstanden ist. Den Ofen auf 160 °C vorheizen.

5. Ein Backblech mit Backpapier auslegen. Aus dem Teig etwa 3 cm große Bällchen formen und diese mit etwa 5 cm Abstand nebeneinander auf das Backblech legen. Jeweils 1 Haselnuss auf die Mitte der Kekse setzen und etwas andrücken.

6. Die Kekse auf der mittleren Schiene etwa 12 Minuten backen, bis sie etwas erhärtet sind. Sie vor dem Servieren etwa 10 Minuten auf dem Backblech abkühlen lassen.

TIPP

Wahlweise können Sie die Brownie Cookies auch mit Walnüssen oder Mandeln belegen.

ZUTATEN

280 g Zartbitterschokolade

280 g Mehl

1 TL Backpulver

1/4 TL Salz

90 g Margarine

210 g Zucker

3 Eier

1 P. Vanillezucker

45 Haselnusskerne

- Ergibt ca. 45 Stück
- Zubereitungszeit: ca. 50 Minuten

Erdnuss-Rosinen-Plätzchen

Peanut Raisin Cookies

ERDNUSS-ROSINEN-PLÄTZCHEN

1. Die Butter mit der Erdnusscreme, dem braunen Zucker und dem Vanillezucker in eine Schüssel füllen und mit dem Handrührer cremig schlagen, dann das Ei dazugeben.

2. Das Mehl mit dem Backpulver darüber sieben und unterarbeiten. Die Erdnüsse mit den Rosinen gleichmäßig unter den Teig heben.

3. Mit einem Teelöffel Häufchen abstechen, auf ein ausgelegtes Backblech setzen und mit dem Löffel etwas flach drücken. Im auf 190 °C vorgeheizten Backofen 10 bis 12 Stück goldbraun backen.

4. Auf einem Kuchengitter auskühlen lassen. Die Kekse halten sich in einer gut schließenden Blechdose einige Wochen.

ZUTATEN

100 g Butter

100 g USA-Erdnusscreme

150 g brauner Zucker

1 TL Vanillezucker

1 Ei

100 g Mehl

$1/2$ TL Backpulver

150 g USA-Erdnusshälften

150 g Rosinen

• Ergibt ca. 30 Stück
• Zubereitungszeit: ca. 45 Minuten

Gescheckte Teekekse

Calico Tea Cookies

GESCHECKTE TEEKEKSE

1. Die Schokolade in ein Gefäß bröckeln und in der Mikrowelle oder im Wasserbad schmelzen lassen. Die geschmolzene Schokolade beiseite stellen und etwas abkühlen lassen.

2. Das Mehl in eine Schüssel sieben. Das Backpulver und das Salz dazugeben und alles gründlich miteinander vermischen.

3. Die Butter in eine große Schüssel geben und cremig rühren. Den Zucker einrieseln lassen und mit der Butter schaumig schlagen. Das Ei dazugeben und gut unterrühren. Zuletzt den Vanillezucker sowie das Mandelaroma hinzufügen und alles miteinander verrühren.

4. Die Mehlmischung nach und nach zu der Buttermischung geben und das Ganze so lange verrühren, bis das Mehl ganz untergearbeitet und ein glatter Teig entstanden ist.

5. Die Hälfte des Teigs auf ein großes Stück Klarsichtfolie legen. Die geschmolzene Schokolade zum restlichen Teig geben und langsam unterrühren.

6. Den Schokoladenteig zusammen mit der anderen Hälfte des Teigs zu einer großen Kugel formen und daraus eine gleichmäßige, etwa 35 cm lange Rolle mit etwa 4 cm Durchmesser formen. Die Teigrolle in die Klarsichtfolie einwickeln und etwa 2 Stunden im Kühlschrank ruhen lassen.

7. Danach den Ofen auf 190 °C vorheizen und ein Backblech mit Backpapier auslegen. Den Teig aus der Folie nehmen und in etwa 1 cm dicke Scheiben schneiden. Die Teigscheiben auf das Backblech legen und auf der mittleren Schiene 8 bis 9 Minuten backen. Die Kekse sollten dabei etwas erhärten, jedoch nicht braun werden.

ZUTATEN

30 g Zartbitterschokolade

210 g Mehl

1 TL Backpulver

1/4 TL Salz

120 g Butter

160 g Zucker

1 Ei

1 P. Vanillezucker

1/2 TL Mandelaroma

- Ergibt ca. 30 Stück
- Zubereitungszeit: ca. 40 Minuten (plus 2 Stunden Kühlzeit)

Himbeer-Mandel-Kekse

Raspberry Almond Dots

HIMBEER-MANDEL-KEKSE

1. Die Eier trennen. Die Butter in eine große Schüssel geben und cremig rühren. Unter ständigem Rühren den Zucker einrieseln lassen und alles schaumig schlagen. Die Eigelbe, den Vanillezucker und zuletzt das Salz hinzufügen und alles miteinander verrühren.

2. Das Mehl zur Buttermischung sieben und das Ganze so lange verrühren, bis ein glatter Teig entstanden ist. Die Schüssel abdecken und den Teig etwa 30 Minuten im Kühlschrank kalt stellen.

3. Den Ofen auf 160 °C vorheizen. Ein Backblech mit Backpapier auslegen. Die Eiweiße und die Mandeln jeweils in einem Schüsselchen bereitstellen.

4. Aus dem Teig etwa 4 cm große Bällchen formen und diese zuerst in Eiweiß tauchen und dann in den Mandeln rollen. Die Bällchen mit etwa 5 cm Abstand nebeneinander auf das Backblech legen, sie dabei mit dem Daumen in der Mitte etwas eindrücken. Die Kekse auf der mittleren Schiene 10 bis 15 Minuten backen, bis die Mandeln leicht braun werden.

5. Die Kekse herausnehmen und abkühlen lassen. Dann jeweils etwa 1/2 Teelöffel Himbeermarmelade in die Mulden geben und die Kekse servieren.

TIPPS

Anstelle von Himbeermarmelade können Sie nach Belieben auch andere Marmeladensorten verwenden. Wenn Sie die Kekse beispielsweise für Gäste zubereiten wollen, können Sie sich bei der Vorbereitung erheblich Zeit sparen: Bereiten Sie den Teig bereits bis zu 1 Woche im Voraus zu. Wickeln Sie ihn dann fest in Alufolie ein und bewahren Sie ihn im Kühlschrank auf.

ZUTATEN

2 Eier

150 g weiche Butter

110 g Zucker

1 P. Vanillezucker

1/4 TL Salz

210 g Mehl

100 g gehackte Mandeln

180 g Himbeermarmelade

• Ergibt ca. 35 Stück
• Zubereitungszeit: ca. 40 Minuten (plus ca. 30 Minuten Kühlzeit)

Kräuterkekse mit Tomatendip

Country Buns & Dip

KRÄUTERKEKSE MIT TOMATENDIP

1. Das Wasser und die Butter in einem Topf erhitzen. Den Topf von der Herdplatte nehmen und nacheinander die Haferflocken und die Eier hinzufügen. Die Mischung wieder erhitzen und so lange rühren, bis sich der Teig vom Topfrand löst.

2. Die Kartoffeln pürieren und hinzufügen. Mit Pfeffer, Salz und den gehackten Kräutern abschmecken. Den Teig im Kühlschrank ruhen lassen.

3. In der Zwischenzeit den Dip zubereiten. Den Tomatensaft etwa auf die Hälfte der Ausgangsmenge einkochen lassen. Die Zwiebel und die Knoblauchzehe abziehen, fein hacken und hinzufügen. Mit Pfeffer, Salz und Petersilie abschmecken und die Instant Flocken einrühren.

4. Den Backofen auf 200 °C vorheizen. Aus dem Teig kleine Kuchen formen, auf ein gefettetes Backblech legen und auf mittlerer Einschubleiste in 10 bis 15 Minuten goldbraun backen. Die Kekse werden noch heiß serviert.

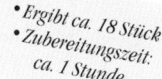

• Ergibt ca. 18 Stück
• Zubereitungszeit: ca. 1 Stunde

ZUTATEN

200 ml Wasser

60 g Butter

120 g zarte Haferflocken (z.B. Blütenzarte Köllnflocken)

3 Eier

250 g gekochte Kartoffeln

Pfeffer

Jodsalz

4 EL gemischte Kräuter

500 ml Tomatensaft

1 Zwiebel

1 Knoblauchzehe

$1/2$ Bund gehackte Petersilie

1–2 EL Instant Flocken (z.B. von Kölln)

Kartoffelplätzchen

Potato Buns

KARTOFFELPLÄTZCHEN

1. Die Kartoffeln pellen und fein reiben bzw. durch eine Kartoffelpresse geben. Die geriebenen Kartoffeln mit dem Mehl und den Instant Flocken in einer Schüssel vermischen und eine Mulde hineindrücken.

2. Die Hefe mit der Milch und dem Zucker verrühren und in die Mulde gießen. Die Eier hinzufügen. Das Fett in kleine Stücke schneiden und mit dem Salz am Rand verteilen.

3. Alles zu einem glatten Teig verkneten. Den Teig abgedeckt an einem warmen Platz 20 bis 30 Minuten gehen lassen.

4. Nochmals durchkneten, ausrollen und mit einem Glas runde Plätzchen ausstechen (ca. 1 bis 1,5 cm dick). Die Plätzchen auf ein gefettetes Blech setzen und nochmals 10 Minuten gehen lassen.

5. Mit dem verquirlten Eigelb bestreichen und im vorgeheizten Backofen bei 220 °C auf der Mittelschiene in 15 Minuten goldgelb backen.

TIPP

Potato Buns schmecken warm oder kalt. Sie werden mit Butter, Gelee, Marmelade oder Honig gegessen und eignen sich nicht nur zum Frühstück, sondern auch zum Nachmittagstee oder -kaffee hervorragend.

• Ergibt ca. 25 Stück
• Zubereitungszeit: ca. 1¼ Stunden

ZUTATEN

500 g am Vortag gekochte Pellkartoffeln

125 g Weizenvollkornmehl

125 g Instant Flocken (z.B. von Kölln)

20 g Hefe

1 TL Zucker

2–3 EL warme Milch

2 Eier

50 g Pflanzenmargarine oder Butter

1–2 TL Jodsalz

Mehl zum Ausrollen

Fett für das Backblech

Eigelb zum Bestreichen

Kokosnusskuchen

Coconut Dream Cake

KOKOSNUSSKUCHEN

1. Für die Streusel Zucker, Citroback, gehackte Mandeln und Kokosraspel in eine kleine Schüssel geben und das Ganze mit einer Gabel gründlich vermischen.

2. Für den Teig das Mehl in eine Schüssel sieben. Backpulver, Natron und Salz dazugeben und alles gründlich miteinander vermischen.

3. Den Ofen auf 180 °C vorheizen. Eine Springform (26 cm ⌀) mit Butter ausfetten und mit etwas Mehl ausstäuben.

4. Die Butter zerlassen. Die Eier in eine große Schüssel schlagen und gut miteinander verquirlen. Den Zucker unter ständigem Rühren einrieseln lassen und das Ganze schaumig schlagen. Die Butter, Buttermilch und den Vanillezucker dazugeben und das Ganze gut miteinander verrühren.

5. Die Mehlmischung nach und nach zu der Buttermischung geben und das Ganze so lange verrühren, bis das Mehl ganz untergearbeitet und ein glatter Teig entstanden ist.

6. Den Teig in die Form geben und die als Streusel vorbereitete Kokosmasse darüber krümeln. Das Ganze auf der mittleren Schiene etwa 30 Minuten backen. Danach den Kuchen aus dem Ofen nehmen und abkühlen lassen.

7. Für die Glasur den Puderzucker in ein Schüsselchen sieben. Die Sahne dazugeben und alles zu einer leichten, cremigen Masse schlagen. Den Kuchen damit bestreichen, zum Schluss die Kokosraspel darüber streuen.

TIPP

Servieren Sie zu diesem „Kokostraum" frisches Obst, beispielsweise Beeren.

- Ergibt 12 Stücke
- Zubereitungszeit: ca. 50 Minuten

ZUTATEN

Für die Streusel

1 EL Zucker

1/2 TL Citroback

1 EL gehackte Mandeln

1 EL Kokosraspel

Für den Teig

280 g Mehl

2 TL Backpulver

1/2 TL Natron

1/4 TL Salz

110 g Butter

3 Eier

320 g Zucker

180 ml Buttermilch

1 P. Vanillezucker

Für die Glasur

2 EL Puderzucker

470 g süße Sahne

30 g Kokosraspel

Außerdem

Butter und Mehl für die Form

Erdbeercremekuchen

Strawberries & Cream Cake

ERDBEERCREMEKUCHEN

1. Das Mehl in eine Schüssel sieben. Zucker, Backpulver und Salz dazugeben und alles miteinander vermischen.

2. Den Ofen auf 180 °C vorwärmen. 2 Springformen (24 cm ⌀) jeweils am Rand sorgfältig mit Butter ausfetten und die Böden mit Backpapier auslegen.

3. Die Butter zerlassen und in eine Schüssel geben. Die Mehlmischung, Vanillezucker, Sahne sowie 100 ml Wasser nach und nach dazugeben und das Ganze zu einem Teig verarbeiten. Zuletzt das Eiweiß zum Teig geben und alles nochmals gründlich miteinander verrühren.

4. Den Rührteig zu gleichen Teilen in die Formen geben und auf der mittleren Schiene etwa 25 Minuten backen. Danach die Kuchenböden aus dem Ofen nehmen. Sie zuerst in der Form, dann weiter auf einem Gitterrost abkühlen lassen. Inzwischen den Frischkäse zimmerwarm werden lassen.

5. Die Kuchen horizontal durchschneiden und jeweils die untere Hälfte mit 175 g Erdbeermarmelade bestreichen. Danach die oberen Kuchenhälften wieder vorsichtig auflegen.

6. Für den Aufstrich die Butter zusammen mit dem Frischkäse und dem Vanillearoma in eine Schüssel geben und das Ganze glatt verrühren. Den Puderzucker sieben und mit der Speisestärke gut vermengen. Die Zuckermischung zusammen mit der Sahne zur Butter-Käse-Mischung geben und alles zu einer Creme verrühren.

7. Nun zuerst die Oberseite eines Kuchens mit knapp $1/3$ der Creme gleichmäßig bestreichen. Danach den anderen Kuchen vorsichtig darauf setzen und die Oberseite und alle anderen Seiten des Kuchens bestreichen. Zuletzt die Erdbeeren putzen, waschen, trockentupfen und halbieren. Den Kuchen damit dekorieren.

• Ergibt 12 Stücke
• Zubereitungszeit: ca. 1 Stunde

ZUTATEN

Für den Teig

280 g Mehl

270 g Zucker

1 EL Backpulver

$1/2$ TL Salz

120 g Butter

2 P. Vanillezucker

120 g süße Sahne

3 Eiweiß

350 g Erdbeermarmelade

7 große, frische Erdbeeren

Für die Käsecreme

60 g weiche Butter

90 g Frischkäse (Doppelrahmstufe)

1 TL Vanillearoma

410 g Puderzucker

1 EL Speisestärke

60 g Schlagsahne

Außerdem

Butter für die Form

Käsekuchen

New York Style Cheesecake

KÄSEKUCHEN

1. Für den Teig die Vollkornkekse reiben oder mit einer Küchenmaschine fein zerkleinern. Das Mehl und den Puderzucker dazusieben und das Ganze zusammen mit der Butter zu einer Teigmasse verarbeiten.

2. Eine Springform (24 cm ⌀) mit Butter ausfetten und die Teigmasse darin verteilen. Sie dabei gut andrücken. Das Ganze etwa 30 Minuten im Kühlschrank kalt stellen.

3. Kurz vor Ende der Kühlzeit den Ofen auf 150 °C vorheizen. Für den Belag den Frischkäse zusammen mit dem Zucker in eine große Schüssel geben und das Ganze miteinander verschlagen.

Saure Sahne, Zitronensaft und Vanillezucker hinzufügen und alles miteinander verrühren. Zuletzt nacheinander die Eier einschlagen und diese jeweils einzeln gut unterrühren.

4. Die Käsemischung auf dem gekühlten Kuchenboden verteilen und das Ganze auf der mittleren Schiene etwa 45 Minuten backen. Nach Ablauf der Backzeit den Ofen ausschalten und den Kuchen noch etwa 2 Stunden im geschlossenen Ofen stehen lassen. Den abgekühlten Kuchen vor dem Servieren noch mindestens 4 Stunden im Kühlschrank kalt stellen.

• Ergibt 12 Stücke
• Zubereitungszeit:
ca. 1 Stunde
(plus ca. 6 1/2 Stunden
Kühlzeit)

ZUTATEN

Für den Teig

14 Vollkornkekse (ca. 100 g)

70 g Mehl

50 g Puderzucker

90 g weiche Butter

Für den Belag

670 g Frischkäse (Doppelrahmstufe)

160 g Zucker

220 g saure Sahne

2 EL Saft von 1 Zitrone

2 P. Vanillezucker

3 Eier

Außerdem

Butter für die Form

Apfelhappen

Country Apple Squares

APFELHAPPEN
. . . .

1. Den Ofen auf 200 °C vorheizen. Eine quadratische Kuchenform (20 x 20 cm) mit Butter ausfetten.

2. Für den Teig die Butter in einer Schüssel cremig rühren. Zucker, Sirup und etwas Salz unterrühren. Das Mehl dazusieben und unterrühren. Zuletzt die Haferflocken hinzufügen und das Ganze zu einem krümeligen Teig verarbeiten. 2/3 davon gleichmäßig in der Form verteilen und dabei andrücken. Den Teig auf der mittleren Schiene etwa 12 Minuten backen, bis er leicht gebräunt ist. Ihn dann aus dem Ofen herausnehmen.

3. Inzwischen die Äpfel schälen, putzen und klein schneiden. Die Apfelstücke zusammen mit Apfelsaft, Zitronensaft, Zimtpulver und etwas Salz in einen Topf geben. Das Ganze etwa 5 Minuten offen kochen und anschließend vom Herd nehmen. Die Äpfel mit einem Schaum-löffel aus dem Sud heben und auf einen tiefen Teller geben. Etwa 6 Esslöffel des Suds in einem Topf zusammen mit der Speisestärke vermischen und bei mittle-rer Hitze so lange erhitzen, bis die Mischung anfängt dick zu werden. Das Ganze über die Äpfel geben und alles miteinander verrühren.

4. Die Apfelmischung auf dem Kuchen-boden verteilen. Den restlichen Teig da-rüber geben und den Kuchen auf der mittleren Schiene in etwa 20 Minuten goldgelb backen. Ihn in der Form gut abkühlen lassen und in etwa 6 x 6 cm große Quadrate schneiden.

TIPP
. . . .

Die Apfelhappen schmecken am besten, wenn sie 1 Tag im Kühlschrank durchgezogen haben und dann zim-merwarm serviert werden.

ZUTATEN
. . . .

Für den Teig

60 g Butter

5 EL Zucker

1 EL Zuckerrübensirup

1/4 TL Salz

110 g Mehl

75 g zarte Haferflocken

Für die Apfelfüllung

400 g säuerliche Äpfel (z.B. Granny Smith)

120 ml Apfelsaft

2 EL Zitronensaft

1 TL Zimtpulver

1/4 TL Salz

2 TL Speisestärke

Außerdem

Butter für die Form

• *Ergibt ca. 9 Stück*
• *Zubereitungszeit: ca. 50 Minuten*

Klassische Brownies

Classic Brownies

KLASSISCHE BROWNIES

1. Von der Schokolade 200 g mit 120 g Butter schmelzen und abkühlen lassen. Die restliche Schokolade zerkleinern.

2. Mehl, Backpulver und Salz miteinander vermischen. Den Ofen auf 180 °C vorheizen. Eine eckige Kuchenform (20 x 30 cm) mit der restlichen Butter ausfetten. Die lauwarme Schokoladenmischung zusammen mit Zucker, Vanillezucker und Eiern verrühren.

3. Die Mehlmischung nach und nach dazugeben und alles vorsichtig zu einem glatten Teig verrühren. Die Schokoladenstückchen unterheben. Den Teig in die Form geben und auf der mittleren Schiene 25 Minuten backen. Ihn abkühlen lassen und in etwa 5 cm große Quadrate schneiden.

- Ergibt ca. 24 Stück
- Zubereitungszeit: ca. 45 Minuten

ZUTATEN

230 g Zartbitterschokolade

130 g Butter

140 g Mehl

$1/2$ TL Backpulver

$1/4$ TL Salz

210 g Zucker

1 P. Vanillezucker

3 Eier

Erdnusscreme-Schokoladen-Happen

Peanut Butter & Chocolate Squares

ERDNUSSCREME-SCHOKOLADEN-HAPPEN

1. Das Mehl in eine Schüssel sieben. Das Natron dazugeben und alles gründlich miteinander vermischen.

2. Die Butter in einem geeigneten Gefäß in der Mikrowelle oder auf dem Herd bei kleiner Hitze zerlassen. Sie gegebenenfalls vom Herd nehmen und etwas abkühlen lassen. Inzwischen den Ofen auf 180 °C vorheizen. Eine quadratische Kuchenform (20 x 20 cm) mit Butter ausfetten.

3. Die zerlassene Butter zusammen mit Zucker, Erdnusscreme und Zuckerrübensirup in einer großen Schüssel gründlich verrühren. Nacheinander die Eier, Milch und Vanillezucker dazugeben und alles gut unterrühren.

4. Die Mehlmischung nach und nach zu der Butter-Erdnuss-Mischung geben und das Ganze so lange rühren, bis das Mehl ganz untergearbeitet und ein glatter Teig entstanden ist. Dann die Erdnüsse zum Teig geben und mit einem großen Löffel unterheben.

5. Den Rührteig in die Kuchenform geben, gleichmäßig verteilen und auf der mittleren Schiene 30 bis 35 Minuten backen. Inzwischen für die Glasur die Schokolade zerkleinern.

6. Den fertig gebackenen Kuchen aus dem Ofen nehmen und ihn sofort mit den Schokoladenstückchen bestreuen. Den Kuchen abdecken, damit die Schokolade schmilzt. Die geschmolzene Schokolade mit der Breitseite einer Messerklinge gleichmäßig auf dem Kuchen verteilen und diesen abkühlen lassen. Den Kuchen vor dem Servieren in etwa 5 x 5 cm große Quadrate schneiden.

- Ergibt ca. 16 Stück
- Zubereitungszeit: ca. 55 Minuten

ZUTATEN

Für den Teig

210 g Mehl

1 TL Natron

110 g Butter

210 g Zucker

130 g Erdnusscreme

2 TL Zuckerrübensirup

2 Eier

2 EL Milch

1 P. Vanillezucker

50 g gehackte ungesalzene Erdnüsse

Für die Glasur

200 g Zartbitterschokolade

Außerdem

Butter für die Form

Gefüllte Brownieriegel

Sunflower Dream Bars

GEFÜLLTE BROWNIERIEGEL

ZUTATEN

Für den Lebkuchenteig

350 g Honig

100 g Zucker

100 g Butter

1 Ei

abgeriebene Schale
einer unbehandelten
Zitrone

1 EL Kakaopulver

10 g Lebkuchen-
gewürz

je ¹/₂ TL Pottasche
und Hirschhornsalz

1 EL Wasser

500 g Mehl

1. Den Honig, Zucker und Butter bei mittlerer Hitze unter Rühren erwärmen, bis sich der Zucker völlig aufgelöst hat, auf Handwärme abkühlen lassen. Das Ei, Zitronenschale, Kakao und Lebkuchengewürz hinzufügen. Pottasche und Hirschhornsalz im Wasser auflösen und zusammen mit dem Mehl unterrühren. Den Teig auf ein gefettetes und bemehltes Blech (40 x 30 cm) geben und bei 180 °C etwa 15 Minuten backen.

2. Alle Zutaten für den Mürbeteig miteinander verkneten und kalt stellen.

3. In der Zwischenzeit für die Füllung 180 g des Zuckers in einer großen Pfanne schmelzen lassen und 100 ml Sahne unterrühren. In einer Schüssel die Marzipanrohmasse mit der restlichen Sahne und den übrigen 120 g Zucker vermengen und unter die Karamellmasse rühren. Zuletzt die Sonnenblumenkerne

unterheben. Die Masse auf den erkalteten Lebkuchenteig auftragen.

4. Den Mürbeteig dünn ausrollen und die abgekühlte Karamellmasse damit abdecken.

5. Für den Belag die Marzipanrohmasse mit der Orangenschale und dem Likör verkneten, in 10 Stücke teilen. Daraus Streifen rollen und längs auf dem Mürbeteig verteilen, etwas antrocknen lassen.

6. Den Backofen auf 220 °C vorheizen, die Riegelmasse auf der mittleren Schiene etwa 18 Minuten backen. Nach dem Abkühlen in Riegel schneiden und diese mit im Wasserbad aufgelöster Kuvertüre überziehen.

- Ergibt ca. 30 Riegel
- Zubereitungszeit:
ca. 1¹/₂ Stunden

Für den Mürbeteig

100 g Zucker

200 g Butter

300 g Mehl

1 Ei

Für die Füllung

300 g Zucker

150 ml Sahne

150 g Marzipanrohmasse

500 g USA-Sonnenblumenkerne

Für den Belag

250 g Marzipanrohmasse

abgeriebene Schale einer
unbehandelten Orange

1–2 EL Orangenlikör

400 g Kuvertüre

Für den Teig

140 g Mehl

1/2 TL Backpulver

1/4 TL Salz

200 g Zartbitterschokolade

130 g Butter

220 g Zucker

1 P. Vanillezucker

3 Eier

Für die Glasur

130 g Zartbitterschokolade

50 g Butter

2 EL Espresso oder sehr starker Kaffee

50 g gehobelte Mandeln

Außerdem

Butter für die Form

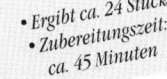

• Ergibt ca. 24 Stück
• Zubereitungszeit: ca. 45 Minuten

Espresso Brownies

ESPRESSO-BROWNIES

1. Das Mehl in eine Schüssel sieben. Backpulver und Salz dazugeben und alles gründlich miteinander vermischen.

2. Für den Teig die Schokolade und die Butter zusammen bei kleiner Hitze unter ständigem Rühren schmelzen lassen. Sobald die Schokolade geschmolzen ist, die Mischung vom Herd nehmen und etwas abkühlen lassen.

3. Den Ofen auf 180 °C vorheizen. Eine rechteckige Kuchenform (20 x 30 cm) mit Butter ausfetten.

4. Die lauwarme Schokoladen-Butter-Mischung in eine Schüssel umfüllen und unter ständigem Rühren den Zucker einrieseln lassen. Den Vanillezucker und zuletzt nacheinander die Eier dazugeben, sie dabei jeweils einzeln gut unterrühren.

5. Die Mehlmischung nach und nach zur Schokoladen-Butter-Mischung geben und das Ganze so lange verrühren, bis ein glatter Teig entstanden ist.

6. Den Teig in der Form gleichmäßig verteilen und auf der mittleren Schiene 25 Minuten backen. Dann den Kuchen herausnehmen und abkühlen lassen.

7. Inzwischen für die Glasur die Schokolade und die Butter zusammen bei kleiner Hitze unter ständigem Rühren schmelzen lassen. Sobald die Schokolade geschmolzen ist, die Mischung vom Herd nehmen und Espresso oder Kaffee gründlich unterrühren.

8. Den Kuchen mit der Schokoladenglasur bestreichen und mit den Mandeln bestreuen. Die Glasur erkalten lassen und den Kuchen in etwa 5 x 6 cm große Rechtecke schneiden.

Espresso-Brownies

Banana Dream

BANANENTRAUM

Für den Teig

200 g Butter oder Margarine

4 Eier, 100 g Zucker

1 P. Vanillezucker

300 g Mehl

1 gestrichener TL Backpulver

3–4 mittelgroße Bananen

100 g Schokoflocken

Für die Creme

1/4 l Milch, 1 Vanilleschote

60 g Zucker

1 1/2 EL Speisestärke

4 EL Milch

Saft einer Zitrone

abgeriebene Schale einer unbehandelten Zitrone

1 Eigelb

3 EL Magerquark

1/8 l süße Sahne

Für den Guss

100 g Zartbitterkuvertüre

1. Die Butter mit dem Zucker und den Eiern schaumig rühren. Das Mehl mit dem Backpulver gut vermischen und unterrühren. Die Bananen schälen, längs halbieren und in 1 cm große Stücke schneiden, mit den Schokoflocken unter den Teig heben.

2. Ein Backblech mit Butter ausfetten, den Teig darauf verteilen und im auf 180 °C vorgeheizten Backofen 20 Minuten backen.

3. In der Zwischenzeit in einem Topf die Milch mit der Vanilleschote und dem Zucker aufkochen, den Topf von der Platte nehmen. Die Vanilleschote entfernen. Mit der angerührten Speisestärke binden, das Eigelb einrühren und nochmals kurz aufkochen.

4. In eine Schüssel umfüllen und Zitronensaft, -schale und Quark unterrühren.

5. Die Sahne steif schlagen und unter die abgekühlte Creme heben. Die Creme gleichmäßig auf den abgekühlten Kuchen streichen und mit der aufgelösten Kuvertüre Gittermuster darauf spritzen.

• Ergibt ca. 16 Stück
• Zubereitungszeit: ca. 50 Minuten

Bananentraum

Blondies

ZUTATEN

Für den Teig

110 g Butter

210 g Mehl

$1/2$ TL Natron

$1/4$ TL Salz

50 g Walnusskerne

210 g Zucker

2 TL Zuckerrübensirup

1 Ei

1 P. Vanillezucker

2 EL Milch

Für die Glasur

70 g Puderzucker

1 EL Milch

Außerdem

Butter für die Form

• Ergibt ca. 24 Stück
• Zubereitungszeit: ca. 45 Minuten

1. Die Butter in einem geeigneten Gefäß in der Mikrowelle oder auf dem Herd zerlassen und dann etwas abkühlen lassen.

2. Das Mehl in eine Schüssel sieben. Natron und Salz dazugeben und alles gut miteinander vermischen. Die Nüsse fein hacken.

3. Den Ofen auf 180 °C vorheizen. Eine quadratische Kuchenform (20 x 20 cm) mit Butter ausfetten.

4. Die Butter in eine Schüssel geben. Unter ständigem Rühren den Zucker einrieseln lassen. Sirup, Ei, Vanillezucker und Milch gut unterrühren.

5. Die Mehlmischung nach und nach dazugeben und das Ganze zu einem glatten Teig verrühren. Zuletzt die Walnüsse unterheben.

6. Den Teig in die Form füllen und auf der mittleren Schiene 30 bis 35 Minuten backen. Danach den Kuchen aus dem Ofen nehmen und in der Form abkühlen lassen.

7. Inzwischen für die Glasur den Puderzucker in eine Schüssel fein sieben und zusammen mit der Milch gründlich verquirlen.

8. Den Kuchen mit der Glasur bestreichen und diese trocknen lassen. Ihn in etwa 5 x 5 cm große Quadrate schneiden.

TIPP

Für Schokoladenfans können Sie noch zusätzlich 50 g zerkleinerte Zartbitterschokolade unter den Rührteig heben.

Blondinen

Brownies New Orleans

BROWNIES MIT SONNENBLUMENKERNEN

ZUTATEN

125 g Butter

175 g Zucker

3 Eier

2 EL Kakaopulver

150 g Mehl

**50 g USA-Sonnen-
blumenkerne**

Butter für das Blech

1. Den Backofen auf 180 °C vorheizen. Die Butter mit dem Zucker schaumig rühren. Die Eier, das Kakaopulver und das Mehl nach und nach unterrühren. Zuletzt die Sonnenblumenkerne grob hacken und untermischen.

2. Aus Alufolie einen Falz in der Länge der Schmalseite des Backblechs knicken und in 12 cm Abstand von der Schmalseite auf das Blech legen.

3. Diese verkleinerte Blechfläche ausfetten, den Teig darauf verstreichen und im vorgeheizten Backofen etwa 18 Minuten backen.

4. Noch heiß in 4 Längsstreifen, dann je in 15 Stücke schneiden. In einer Blechdose aufbewahren.

VARIATION

Brownies mit dunkler Kuvertüre bestreichen und mit gerösteten Sonnenblumenkernen bestreuen.

• Ergibt ca. 60 Stück
• Zubereitungszeit: ca. 40 Minuten

Brownies mit Sonnenblumenkernen

Whoppie Pies

GEFÜLLTE SCHOKOLADENKUCHEN

ZUTATEN

Für den Teig

280 g Mehl

5 EL Kakaopulver

1 TL Backpulver

1 TL Natron

$^{1}/_{2}$ TL Salz

110 g Butter

2 Eigelb

210 g Zucker

1 P. Vanillezucker

230 ml Milch

Für die Füllung

2 Eiweiß

220 g Puderzucker

110 g weiche Butter

$^{1}/_{2}$ TL Vanillearoma

1. Den Backofen auf 170 °C vorheizen. Ein Backblech mit Backpapier auslegen. Das Mehl in eine Schüssel sieben. Kakaopulver, Backpulver, Natron und Salz dazugeben und das Ganze gut mit einem Schneebesen vermischen.

2. Die Butter zerlassen und zusammen mit den Eigelben, Zucker und Vanillezucker in einer großen Schüssel schaumig schlagen. Die Mehlmischung abwechselnd mit der Milch nach und nach dazugeben und das Ganze unter langsamem Rühren zu einem glatten Teig verarbeiten.

3. Den Teig esslöffelweise mit etwa 5 cm Abstand zu den Rändern auf dem Backpapier verteilen. Das Ganze auf der mittleren Schiene etwas 12 Minuten backen und danach auf dem Blech etwas abkühlen lassen.

4. Für die Füllung die Eiweiße steif schlagen. Den Puderzucker dazusieben und unter den Eischnee schlagen. Die Butter und das Vanillearoma dazugeben und die Eiweißmischung so lange schlagen, bis eine sahnig-glänzende Masse entstanden ist.

5. Die Füllung auf die Hälfte der Kuchen verteilen und diese jeweils mit einem anderen Kuchen belegen. Die gefüllten Schokoladenkuchen sofort servieren.

TIPP

Sie können die gefüllten Schokoladenkuchen problemlos aufbewahren, wenn Sie sie in Klarsichtfolie wickeln und im Kühlschrank kalt stellen.

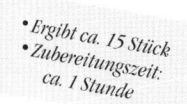

- Ergibt ca. 15 Stück
- Zubereitungszeit: ca. 1 Stunde

Gefüllte Schokoladenkuchen

Super Sugar Cookies

ZUCKERKEKSE

1. Das Mehl in eine mittelgroße Schüssel sieben. Das Backpulver dazugeben und das Ganze gut miteinander vermischen.

2. Die Butter in eine große Schüssel geben und cremig rühren. Den Zucker einrieseln lassen und mit der Butter schaumig schlagen. Das Ei dazugeben und gut unterrühren. Zuletzt den Orangensaft und den Vanillezucker hinzufügen und alles gründlich miteinander verrühren.

3. Die Mehlmischung nach und nach zu der Buttermischung geben und das Ganze so lange rühren, bis das Mehl ganz untergearbeitet und ein glatter Teig entstanden ist. Die Schüssel mit dem Teig zudecken oder den Teig in Klarsichtfolie einwickeln und ihn im Kühlschrank etwa 2 Stunden ruhen lassen.

4. Danach den Backofen auf 200 °C vorheizen. Ein Backblech mit Backpapier auslegen. Etwa $1/3$ des Teigs auf einer bemehlten Arbeitsfläche etwa $1/2$ cm dünn ausrollen. Aus dem Teig mit Backförmchen Kekse ausstechen und diese mit etwa 2 cm Abstand auf das Backblech legen. Die Kekse 6 bis 8 Minuten backen, bis die Ränder leicht braun werden. Inzwischen aus den restlichen Teigdritteln Kekse ausstechen. Diese auf 2 Blechen nacheinander abbacken und anschließend abkühlen lassen.

5. Inzwischen für die Creme den Puderzucker in eine Schüssel sieben. Butter, Milch und Vanillearoma dazugeben und alles gut miteinander verrühren. Die abgekühlten Kekse mit der Creme bestreichen und servieren.

TIPPS

Wenn Sie die Creme mit Lebensmittelfarben färben, können Sie die Kekse besonders fantasievoll dekorieren. Garnieren Sie die Kekse nach Belieben mit bunten Zuckerstreuseln, Rosinen oder Schokoladenstreuseln.

Zuckerkekse

Blueberry Muffins

RIESEN-MUFFINS

ZUTATEN

125 g Heidelbeeren

125 g Butterschmalz

125 g Zucker

2 P. Vanillezucker

2 Eier

300 g Mehl

$^1/_8$ l Buttermilch

150 g weiße Kuvertüre

Butterschmalz für die Form

1. Die Heidelbeeren waschen, putzen und auf Küchenkrepp trocknen lassen. Das Butterschmalz mit dem Zucker und Vanillezucker schaumig rühren, bis die Masse sehr hell wird.

2. Die Eier unterrühren, das Mehl zugeben und ebenfalls unterrühren. Die Buttermilch nach und nach zufügen. Die Heidelbeeren vorsichtig unter den Teig heben.

3. Den Teig in 6 gefettete Vertiefungen eines Muffinblechs füllen. Im auf 180 °C vorgeheizten Backofen 35 bis 45 Minuten backen.

4. Die Muffins herausnehmen und etwas abkühlen lassen. Mit einem Messer vorsichtig um den Rand der Muffins fahren und aus der Form lösen. Weiße Kuvertüre im Wasserbad schmelzen und über die Muffins gießen.

- Ergibt 6 Stück
- Zubereitungszeit: ca. 65 Minuten

Riesen-Muffins

Carrot Muffins

KAROTTENMUFFINS

ZUTATEN

175 g Karotten

280 g Mehl

110 g Zucker

2 TL Backpulver

2 TL Zimtpulver

1/2 TL Salz

2 Eier

60 ml Pflanzenöl

120 g Apfelmus

120 ml Orangensaft

1 P. Vanillezucker

90 g Kokosraspel

Außerdem

Butter für die Form

1. Die Karotten putzen, schälen und waschen. Sie mit einer Küchenreibe raspeln.

2. Den Ofen auf 200 °C vorheizen. Die 12 Vertiefungen eines Muffinblechs mit Butter ausfetten oder mit Papierförmchen auslegen.

3. Das Mehl in eine Schüssel sieben. Zucker, Backpulver, Zimtpulver und Salz dazugeben und alles gründlich miteinander vermischen.

4. Die Eier in eine große Schüssel schlagen. Öl, Apfelmus, Orangensaft und Vanillezucker dazugeben und alles gut verschlagen. Die Karotten und die Kokosraspel gründlich unterrühren.

5. Die Mehlmischung nach und nach zu der Eier-Apfelmus-Mischung dazugeben und das Ganze so lange verrühren, bis das Mehl ganz untergearbeitet und ein glatter Teig entstanden ist.

6. Den Teig gleichmäßig in die Muffinformen verteilen und die Muffins auf der mittleren Schiene in etwa 20 Minuten goldbraun backen.

TIPP

Als Variation können Sie noch 100 g Rosinen unter den Teig rühren.

• Ergibt 12 Stück
• Zubereitungszeit: ca. 35 Minuten

Karottenmuffins

Walnut Fig Muffins

ZUTATEN

WALNUSS-FEIGEN-MUFFINS

50 g Instant Haferflocken
(z.B. von Kölln)

80 g Weizenmehl (Type 405)

1¹/₂ TL Backpulver

1 Msp. Natron

1 Msp. Nelkenpulver

1 Msp. Kardamom

1 Msp. Zimt

1 Ei

¹/₂ P. Vanillezucker

75 g brauner Zucker

50 ml Öl

140 g Buttermilch

6 Walnusshälften

50 g gehackte Walnüsse

2–4 getrocknete Feigen

200 g Zartbitterschokolade

18 Walnusshälften

1. Die Instant Flocken mit Weizenmehl, Backpulver und Natron mischen und die Gewürze dazugeben.

2. In einer weiteren Schüssel das Ei leicht verquirlen. Vanillezucker, Zucker, Öl und Buttermilch dazugeben und gut vermischen. Die Mehlmischung sorgfältig unter den Eiteig rühren.

3. Den harten Stiel der Feigen abschneiden und die Feigen hacken. Mit den gehackten Walnüssen unter den Teig heben.

4. Den Teig in 6 gefettete Formen eines Muffinblechs füllen, je eine Walnusshälfte darauf setzen und 20 bis 25 Minuten lang im vorgeheizten Backofen bei 180 °C backen.

5. Die Muffins vom Blech nehmen und abkühlen lassen. Die Kuvertüre im Wasserbad unter Rühren schmelzen und die Muffins kopfüber eintauchen. Fast ganz trocknen lassen und mit den übrigen Walnusshälften verzieren.

• Ergibt 6 Stück
• Zubereitungszeit: ca. 70 Minuten

Walnuss-Feigen-Muffins

Mocha Muffins

MOKKAMUFFINS

ZUTATEN

280 g Mehl

160 g Zucker

2 TL Backpulver

1/2 Tasse Espresso- oder Kaffeepulver (löslich)

1 TL Zimtpulver

1/2 TL Salz

120 g Butter

2 Eier

240 ml Milch

1 P. Vanillezucker

100 g Schokoladenraspel

Außerdem

Butter für die Form

1. Den Ofen auf 200 °C vorheizen. Die 12 Vertiefungen eines Muffinblechs mit Butter ausfetten oder mit Papierförmchen auslegen.

2. Das Mehl in eine Schüssel sieben. Zucker, Backpulver, Espresso- oder Kaffeepulver, Zimtpulver und Salz dazugeben und alles gründlich mit einem Schneebesen vermischen.

3. Die Butter zerlassen und in eine große Schüssel geben. Eier, Milch und Vanillezucker hinzufügen und das Ganze gründlich verrühren.

4. Die Mehlmischung nach und nach zu der Buttermischung geben und das Ganze so lange verrühren, bis das Mehl ganz untergearbeitet ist. Zuletzt 50 g Schokoladenraspel unterheben.

5. Den Teig gleichmäßig in die Muffinformen verteilen und die restlichen 50 g Schokoladenraspel darauf streuen. Die Muffins auf der mittleren Schiene in etwa 20 Minuten goldbraun backen.

- Ergibt 12 Stück
- Zubereitungszeit: ca. 35 Minuten

Mokkamuffins

Salami & Cheese Muffins

SALAMI-KÄSE-MUFFINS

ZUTATEN

50 g Salami am Stück

280 g Mehl

1 EL Zucker

2 TL Backpulver

1 TL Salz

60 ml Pflanzenöl

2 Eier

180 g Buttermilch

50 g geriebener Gouda (45 % F.i.Tr.)

edelsüßes Paprikapulver

Außerdem

Butter für die Form

1. Den Ofen auf 200 °C vorheizen. Die 12 Vertiefungen eines Muffinblechs ausfetten oder mit Papierförmchen auslegen. Die Salami fein würfeln.

2. Das Mehl in eine Schüssel sieben. Zucker, Backpulver und Salz dazugeben und alles grünlich miteinander vermischen.

3. Das Öl in eine große Schüssel gießen. Die Eier zusammen mit der Buttermilch unterrühren.

4. Die Mehlmischung nach und nach dazugeben und das Ganze langsam verrühren, bis das Mehl ganz untergearbeitet und ein glatter Teig entstanden ist. Zuletzt den Gouda und die Salamiwürfel unterheben.

5. Den Teig gleichmäßig in die Muffinformen verteilen und die Muffins auf der mittleren Schiene in 20 bis 25 Minuten goldbraun backen. Sie vor dem Servieren mit etwas Paprikapulver bestreuen.

• Ergibt 12 Stück
• Zubereitungszeit: ca. 40 Minuten

Salami-Käse-Muffins

X-mas Muffins

MARZIPAN-TÖRTCHEN

ZUTATEN

200 g Butter

175 g Zucker

1 – 2 P. Vanillezucker

4 Eier

200 g Marzipan-Rohmasse

2 EL Rum

65 g Speisestärke

150 g Instant Haferflocken (z.B. von Kölln)

65 g Weizenmehl (Type 550)

1 – 2 TL Backpulver

ca. 25 abgezogene Mandeln

Papierförmchen

1. Den Backofen auf 200 °C vorheizen. Die Butter, den Zucker und Vanillezucker, die Eier, die in kleine Stücke zerteilte Marzipan-Rohmasse und den Rum in eine Rührschüssel geben.

2. Die Speisestärke, Instant Flocken, Mehl und Backpulver miteinander vermischen und ebenfalls in die Rührschüssel geben. Alle Zutaten mit dem Rührgerät zu einem glatten Teig verarbeiten.

3. Die Papierförmchen mit jeweils 1 Esslöffel Teig füllen, auf ein Backblech setzen und in jedes Törtchen eine ganze Mandel drücken.

4. Auf der mittleren Einschubleiste 25 bis 30 Minuten backen.

• Ergibt ca. 25 Stück
• Zubereitungszeit: ca. 1 Stunde

Marzipan-Törtchen

Sunrise Muffins

ORANGENTÖRTCHEN

ZUTATEN

3 Eier

150 g Butter

125 g Zucker

**100 g kernige Haferflocken
(z.B. Köllns Echte Kernige)**

100 g Mehl (Type 550)

2 TL Backpulver

75 g gehackte Mandeln

4 ungespritzte Orangen

150 g Aprikosenmarmelade

**12 Papierbackförmchen
(Durchmesser 6 cm)**

1. Den Backofen auf 180 °C vorheizen. Eigelbe und Eiweiße voneinander trennen. Die Butter mit den Eigelben und dem Zucker schaumig rühren.

2. Die Haferflocken, das Mehl, Backpulver und die Mandeln miteinander vermischen und unter die Masse kneten. Die Eiweiße steif schlagen und vorsichtig unterziehen.

3. Die Orangen waschen, die Schale abreiben und das Fruchtfleisch filetieren. Die Filets zweier Orangen in kleine Stücke schneiden und unter den Teig rühren.

4. Den Teig mit einem Esslöffel auf die Papierförmchen verteilen, diese mit den übrigen Orangenfilets belegen und im Backofen auf mittlerer Einschubleiste ca. 20 Minuten backen. Die Muffins noch warm mit der Aprikosenmarmelade bestreichen.

• Ergibt 12 Stück
• Zubereitungszeit:
ca. 1 Stunde

Orangentörtchen

Frosted Banana Muffins

BANANENMUFFINS

280 g Mehl

1 TL Natron

1 TL Backpulver

3 reife Bananen

110 g Butter

2 Eier

210 g Zucker

2 EL Milch

1 P. Vanillezucker

Für den Aufstrich

110 g zimmerwarmer Frischkäse (Doppelrahmstufe)

50 g weiche Butter

1 P. Vanillezucker

190 g Puderzucker

Außerdem

Butter für die Form

1. Den Ofen auf 180 °C vorheizen. Die 12 Vertiefungen eines Muffinblechs ausfetten oder mit Papierförmchen auslegen.

2. Das Mehl in eine Schüssel sieben. Das Natron und das Backpulver dazugeben und alles gründlich miteinander vermischen.

3. Die Bananen schälen, gut zerdrücken und in eine große Schüssel geben. Die Butter zerlassen und zusammen mit den Eiern, Zucker, Milch und Vanillezucker hinzufügen und alles gründlich miteinander verrühren.

4. Die Mehlmischung nach und nach dazugeben und das Ganze so lange verrühren, bis das Mehl ganz untergearbeitet und ein glatter Teig entstanden ist.

5. Den Teig gleichmäßig in die Muffinformen verteilen. Die Muffins auf der mittleren Schiene in 18 bis 20 Minuten goldbraun backen. Sie danach abkühlen lassen.

6. Inzwischen für den Aufstrich den Frischkäse zusammen mit der Butter und dem Vanillezucker verrühren. Den Puderzucker dazusieben und unterrühren. Die abgekühlten Muffins mit dem Aufstrich bestreichen und servieren.

TIPPS

**Damit die Muffins süß und intensiv nach Bananen schmecken, sollten Sie überreife braune Bananen bei der Zubereitung verwenden.
Für Nussliebhaber können Sie zusätzlich 100 g gemahlene Nüsse in den Teig rühren.**

- Ergibt 12 Stück
- Zubereitungszeit: ca. 35 Minuten

Bananenmuffins

Peach Oatmeal Muffins

PFIRSICH-HAFERFLOCKEN-MUFFINS

ZUTATEN

260 g Vollkornmehl

100 g zarte Haferflocken

140 g Zucker

2 TL Zimtpulver

2 TL Backpulver

je 1/2 TL Natron und Salz

2 Eier

120 ml Öl

240 g Jogurt (3,5 % Fett)

150 g Pfirsiche

1. Den Ofen auf 200 °C vorheizen. Die 12 Vertiefungen eines Muffinblechs mit Papierförmchen auslegen.

2. Mehl, Haferflocken, Zucker, Zimt, Backpulver, Natron und Salz mit einem Schneebesen vermischen.

- Ergibt 12 Stück
- Zubereitungszeit: ca. 40 Minuten

3. Die Eier verquirlen, mit Öl und Jogurt verschlagen und das Ganze zusammen mit der Mehlmischung langsam zu einem glatten Teig verrühren. Die Pfirsiche enthäuten, klein schneiden und unterheben.

4. Den Teig in die Formen verteilen. Die Muffins auf der mittleren Schiene in ca. 20 Minuten goldbraun backen.

Pfirsich-Haferflocken-Muffins

Rezeptverzeichnis

Fotos: CMA Butterschmalz/**G. Fiedler PR**, Hamburg: S. 47; **Info Bananen/Ketchum PR**, München: S. 37; **Peter Kölln, Köllnflockenwerke**, Elmshorn: S. 16, 18, 51, 57, 59; **USA Erdnüsse/Dr. Muth PR**, Hamburg: S. 10; **USA Sonnenblumenkerne/Ketchum PR**, München: S. 32, 41; alle übrigen Fotos: **Ulrich Kopp**, Füssen. Der Verlag dankt den angegebenen Firmen für die freundliche Unterstützung bei der Entstehung dieses Buches.

Layout: Ulrike Selders, Köln

Redaktion: Ralf Labitzky

Bildredaktion: Karin Herty

Herstellung: Anke Sprey

Satz: FALKEN Verlag, Niedernhausen/Ts.

4453 6271

02 01 00 99